Petites annonces à la con

François Jouffa et Frédéric Pouhier

FIRST Editions

ISBN : 978-2-7540-5591-8
Dépôt légal : décembre 2013
Imprimé en Italie

Mise en page : Graph'im 64
Couverture : Olivier Frenot

Éditions First, un département d'Édi8
12, avenue d'Italie
75013 Paris
Tél. : 01 44 16 09 00
Fax : 01 44 16 09 01
Courriel : firstinfo@efirst.com
Internet : www.editionsfirst.fr

Introduction

Auteurs talentueux et modestes cherchent nombreux lecteurs ayant un grand sens de l'humour pour s'amuser ensemble à la lecture de ce livre de fausses petites annonces, toutes plus farfelues les unes que les autres. Si vous êtes une vieille héritière en fin de vie, cela nous intéresse aussi.

F. P.

« Sourd rencontrerait sourde pour trouver terrain d'entente. »

Pierre Dac

Cause décès, à vendre parachute neuf, servi une fois, jamais ouvert.

Sexe gratuit, téléphonez-moi
au 08 88 88 88 10.
Coût : 30,45 euros la minute.

Vends toile de maître
que je ne peux plus voir
en peinture.

Mille-pattes vend appartement de plain-pied.

Jeune maman cherche chaise haute pour élever sa fille.

Échange grosse **galère** contre joli **yacht**.

À vendre, encyclopédie Universalis en 18 volumes. Très bon état. Je n'en ai plus besoin, je suis marié et ma femme sait tout !

Communiqué :

La SNCF vous souhaite une
très bonne année 2008
et s'excuse de son retard.

★

6 recherche **9** pour une partie de jambes en l'air.

★ ★

Étudiant en école de médecine cherche veines et artères pour s'entraîner avant ses examens de fin d'année.

L'association
des pickpockets toulonnais
organise le week-end
prochain une journée
poches ouvertes.

URGENT : Quelqu'un
sait-il changer un bébé ?
J'en voudrais un moins
bruyant.

Ah vendrent Bescherelle
jamé servy.

Vends voiture pour
pouvoir me payer
un plein d'essence.

Perdu portefeuille
dans Paris, 500 000 euros
de récompense.
Contactez
Zlatan Ibrahimovic.

À céder : collants Dim cause départ aux Dom.

Recherche
2 places pour
le concert de
Lara Fabian,
pour le plaisir de
les brûler.

PUBLICITÉ
Tu veux savoir
si tu es con ?
Envoie ton numéro
de carte bancaire
au 812 127.

À vendre, viande halal,
frais de porc offerts.

Etudian Done court de francé à daumicile. Prix hattractif.

Échange femme de 60 ans contre 2 femmes de 30 ou 3 femmes de 20 (mon avocat me déconseille de demander 6 femmes de 10).

Paris : à louer studio de charme sous les toits dans un immeuble de charme presque salubre comprenant entrée séjour cuisine chambre salle de bain et penderie. 5 m^2 habitables. 850 euros/mois (sans les charges).

Pédophile sortant de prison, garde gratuitement vos enfants de 5 à 12 ans, en journée ou le week-end.

Jeune homme, cherche l'**amour**, le **vrai**, celui avec de **gros seins** !

Homme cherche femme pour essayer le bondage et créer des liens.

À vendre

Chiots, impossible à donner car personne n'en veut. Vraiment pas cher.

★

Recherche

bon appart.

Contactez **Napoléon**.

★ ★

Rch femme d'occasion contrôle technique effectué, consommant peu.

Chêne cherche bouleau
dans sa branche.

Femme de méninge
propose lavage de
cerveaux.

Location de vacances :
en plein cœur de
Marseille, 3 pièces,
2 chambres,
terrasse ensoleillée,
gilet pare-balles fourni.

Cordonnier cherche chaussure à son pied pour faire un bout de chemin ensemble.

Éclairagiste recherche un prête-nom pour rester dans l'ombre.

Étudiant en école
de médecine achète
grands-parents décédés
pour s'entraîner à opérer.

Homme politique vend sa
collection de livres sur la
déontologie.
Neufs, jamais lus.

À vendre, cercueil jamais servi cause fausse alerte.

Homme rch jeune femme, aimant le romantisme, la peinture du XVIIIe, les longues promenades en forêt et les plans à 3.

Vieux marin recherche
un gros thon… pour
relation huileuse.

Ancien chanteur des années 80, totalement désespéré, cherche émission de télé-réalité pour se relancer (même sur la TNT).

Rch femme ou lave-vaisselle d'occasion.

Pompier aimerait rencontrer une femme chaude. Allumeuse s'abstenir.

Cinéaste cherche nain pour tout petit rôle dans court métrage.

★

Vends robe de **mariée**
portée une seule fois,
par **erreur**.

★ ★

Urgent, cherche coq expérimenté pour poulette sans formation.

Ancien ministre cherche portefeuille perdu au dernier remaniement.

Achète burin et marteau pour me sculpter un corps de rêve avant l'été.

À louer, cave en banlieue, idéale pour tournante.

Urgent

Homme ayant pris du Viagra cherche une femme disponible dans l'heure.

Magicien recherche assistante à mi-temps pour un découpage en 2.

Ayant acquis un vieux manuel de sorcellerie, je voudrais savoir si quelqu'un sait où je pourrais me procurer une corne de licorne ?

À vendre, papier
toilette d'occasion.

Femme tronc cherche
généalogiste pour faire
son arbre.

J.H. romantique cherche l'amour avec un grand A (et un petit Q).

Restaurant chinois recherche chats pour leur offrir un foyer bien chaud (four thermostat 8).

Molaire cherche dentiste
pour faire un bridge.

Vends billet Euromillion perdant, 10 euros à débattre.

Recherche voyante. Inutile de vous donner mon numéro : si vous avez réellement un don, vous saurez comment me contacter.

Idée **cadeau** pour votre **belle-mère**, vends **mort**-aux-rats et **piège** à loup.

À vendre

Taser, idéal pour faire passer le courant avec les jeunes.

Cherche nouveau mari pour mon ex-femme, j'en ai marre de payer la pension alimentaire.

*

Belle **plante** recherche gentil **jardinier** pour **arroser** ses soirées.

* *

Abeille cherche chirurgien esthétique pour se faire refaire l'essaim.

Cuisinier masochiste
cherche cocotte qui
attache.

Échange un de mes reins
contre le tout dernier iPad.

Ferdu dentier. Merfi
beaufou de le reftituer à
fon propriétaire auffitôt
que poffible.

Au cœur de l'Autriche, dans un charmant village isolé à vendre cave spacieuse, idéale pour séquestration.

À vendre, lit à barreaux d'occasion, menottes intégrées, femme non fournie.

Recherche cerveau
pour transplantation.
Dans l'idéal un cerveau
n'ayant jamais servi
(de blonde ou de
footballeur professionnel).

Bon Aryen cherche bonne
à tout faire.

PUBLICITÉ

Faites comme Jeanne d'Arc,

elle a frit, elle a tout compris.

Reine des abeilles recherche ouvrières, contactez-moi sur mon e-miel.

À vendre, peinture blonde, épaisse, pas brillante et qui s'étend facilement.

Taliban vend voiture avec boîte afghan.

Cherche jolie baballe, rouge, mordillée un peu partout, jetée bêtement sans regarder où par mon maître dans le parc. Contactez Médor.

PUBLICITÉ

Partez en vacances à **Honolulu** : on y trouve tout pour la famille.

Du sable pour les enfants, du soleil pour madame, des jolies filles à mater pour monsieur, et des requins pour belle-maman.

J.F. recherche homme aux mensurations idéales 80-20-42 (80 ans, 20 millions en banque et 42 °C de fièvre).

Homme ayant 5 sexes, recherche slip lui allant comme un gant.

★

J.H. sorti de prison pour
bonne conduite
recherche travail de pilote
de **Formule 1**.

★ ★

Homme prête sa femme mauvaise cuisinière à tout homme désirant faire un régime avant l'été.

Chanteuse
célibataire sans voix
cherche producteur ayant
un micro-pénis.

Homme collectionnant les
échecs vend pions pour
faire plaisir à sa reine
avant de devenir fou.

Couple fatigué
cherche domestique
pour faire ménage
à trois.

PUBLICITÉ
Vous voulez
savoir si vous êtes
enceinte ? Urinez
sur votre téléphone
et envoyez urine
au 6 26 26.

Eunuque rch deux
boules… de pétanque.

Astronaute aimerait
rencontrer femme
lunatique.

Militaire recherche femme
canon.

Rch esthéticienne expérimentée pour enlever l'énorme poil dans la main de mon époux.

Échange citrouille contre voiture de sport en bon état. Téléphoner au… demander Cendrillon.

Boxeur amateur,
cherche un miroir qui
me rend beau.

Rch électricien pour rétablir le courant entre ma femme et moi.

Jean de La Fontaine cherche femme affable.

Vends lot de T-shirts

« Tibet libre »

made in China.

Cherche Suédoise bon marché que je peux ramener chez moi et monter en 10 minutes (Ikea s'abstenir).

Ancien fonctionnaire des impôts vend collection de lettres de dénonciation. Idéal pour maître chanteur.

★

Suite **changement**
d'activité commerciale,
vends lot de **strings**,
soutiens-gorge
et porte-jarretelles.

★ ★

Cause départ, vends starting-block.

Landru cherche femme au foyer.

Vends lots de bouteilles de mauvais vins de Bordeaux (bouchonnés et aigres). Pourrait intéresser n'importe quelle brasserie parisienne.

Jeune homme totalement désintéressé cherche à épouser jeune femme laide et fortunée.

Grossiste cherche
femme forte.

Nymphomane
cherche appartement
rue de la Pompe.

URGENT
Vends le département de la Picardie, moche mais spacieux, pour pouvoir payer la dette.
Contacter : La présidence de la République.

À VENDRE
L'homme qui valait 3 milliards. Prix à débattre.

Apiculteur cherche sa reine des abeilles pour partir en lune de miel.

Cannibale mélomane cherche un rôle dans un opéra-bouffe.

Cendrillon, cherche
chaussure à mon pied.

Éleveur de vache recherche assistant (paiement par traites).

Cause insomnie, échange matelas de plumes contre sommeil de plomb.

Échange **voiture de sport** accidentée contre **fauteuil roulant** neuf.

Vends petite voiture
puissance : 5 poneys fiscaux.

Rch hôtesse de l'air pour m'envoyer en l'air.

★

Jeune **momie** égyptienne cherche **archéologue** qui lui mettrait du **baume** au cœur.

★ ★

Je vends ma femme. Peu utilisée, facile à nourrir, maîtrise parfaite du repassage. Préfère argent liquide, mais prêt à considérer un troc avec console de jeux.

Vends corbillard d'occasion : levier de vitesses bloqué au point mort.

Écrivain sans histoire recherche l'inspiration.

Église cherche curé, diplômé bac + Dieu.

Pays du Moyen-Orient recrute tortionnaire senior. Écrire à Bachar al-Assad.

Perdu portefeuille cuir. Gardez les photos, mais rendez l'argent SVP, il a une valeur sentimentale pour moi.

Colocation : lève-tôt
cherche appartement
avec couche-tard.

Antiquaire estime
gratuitement vos meubles,
objets, tableaux, femmes.

Achat or et argent, débris
dentaires, lingots, silence
(s'il est d'or).

Enlèvement épaves : recherche quelqu'un pour récupérer mon mari au bistrot du village à la fermeture.

Avis de décès : suite mariage, homme annonce avec tristesse la fin de sa vie sexuelle.

Vends le cadavre de ma belle-mère 50 euros (sans les dents en or).

Voyante cherche pelleteuse pour entrer en contact avec les morts.

Taxidermiste vend la peau de l'ours avant de l'avoir tué.

Rencontre : **magicien** homosexuel cherche **braguette** magique.

Perdu virginité lors d'une nuit d'ivresse. Forte récompense.

★

Pessimiste
recherche… et puis non…
laissez tomber… je ne
trouverai **jamais**.

★ ★

Couple échangiste

cherchons à nous faire des amis, organisons une sortie nique-nique à plusieurs couples dans la forêt.

Spiderman cherche jeune femme pour se faire une toile.

Vends piscine, sans eau et sans carrelage. En fait, vends trou.

Achète, 5 euros, tous vos billets de 10 euros (même usagés).

Anesthésiste recherche l'enregistrement intégral des discours de Jean-Marc Ayrault.

Cycliste musulman cherche roues voilées.

Clinique haut de gamme recherche chirurgien, pas d'expérience requise, venez avec vos propres outils.

Sardine à l'huile cherche sardine au citron pour aller en boîte.

Zombie recherche cerveaux. Cerveaauxxxxxx, cerveauxxxxx.

À vendre, poney ressemblant à des petits chevaux.

Jumeaux cherchent âmes sœurs.

Recherche serveuse de
20 ans avec au moins
25 ans d'expérience.

Cyclope recherche
demi-paire de lunettes.

DJ recherche blonde platine.

EMPLOI

Soleil recrute chef de rayons.

Perdu petit chien du nom de Médor. Médor, si tu lis cette annonce, reviens à la maison.

★

Vends casier judiciaire

d'occasion,

peu servi.

★ ★

Animateur télé
vend cerveau,
1re main, très peu
servi, dans son jus,
prix à débattre.

Publicité

Tu veux savoir s'il va casser ? Envoie ton portable par terre.

Homme optimiste
cherche femme cultivée.

Cherche hindou
pour adopter ma
femme qui est une
sacrée vache.

Cannibale homo-
sexuel cherche
homme-sandwich
pour partager un
repas.

Vends pilules de Viagra de contrebande.

Chanteur de hip-hop cherche femme bien sous tout rappeur.

Professeur de mathématiques cherche femme non calculatrice pour un 69.

Pilote d'Airbus cherche à convoler avec une charmante hôtesse de l'air.

Prise mâle cherche prise femelle dans son secteur.

Cherchebarred’espacepour
monclavierd’ordinateur.urgent.

Pédicure cherche à
prendre son pied.

Amnésique, recherche, recherche, qu'est-ce que je recherche déjà ? Et qui êtes-vous ?

Vends exemplaire de la **Bible** : première édition dédicacée par **l'auteur**.

Dialoguiste de films pornographiques, tu aimes ça ma cochonne, cherche, tu l'as vu mon gros CV, emploi, c'est bon ça, je me déplace, je viensssss. Oh oui !

Belle au bois dormant
cherche réveil.

*

Astrologue cherche **Zodiac** pour naviguer sur la Voie lactée.

* *

Rch femme n'ayant pas
froid aux yeux et ayant
le feu quelque part.

Alcoolique rch bon cru
pour une bonne cuite.

Vends feuille découpée en
deux. Idéal pour en faire
un puzzle pour blonde.

Homme marié cherche
à tromper l'ennui…
et sa femme.

Gangster cherche
fusil à pompe
pour braquer
un magasin de
chaussures.

Hibou cherche
une compagne
super chouette.

Juif divorcé, recherche une partenaire pour la vie, une femme avec qui allumer les bougies le soir de shabbat, célébrer Hanouka, aller à la synagogue, faire un beau bébé juif, lui préparer sa bar-mitsva. Âge et religion sans importance.

Œufs brouillés cherchent à se réconcilier sans en faire tout un plat.

Équipe de France de foot recherche hématomes (les seuls bleus qui marquent).

Ne buvez pas d'alcool au volant, vous risqueriez d'en renverser.

C'était un message de la Prévention routière bretonne.

Achète machine à remonter le temps pour revenir au jour où j'ai dit oui devant Monsieur le maire.

Homme de 32 ans, intelligent, indépendant, self-made-man, ayant réussi dans les affaires, recherche jeune femme dont le père pourrait l'engager.

Ève recherche un Adam, dur de la feuille.

Vends la collection de DVD pornographiques que ma femme vient de découvrir dans mon placard.

★

Footballeur
professionnel
fainéant cherche
travail à **mi-temps**.

★ ★

Mari fatigué recherche
amant pour sa femme.

Mauvais chasseur
cherche cadavre
de sanglier pour
impressionner ses amis.

Physionomiste
de discothèque cherche
un ouvre-boîte.

Mouton cherche dentifrice
pour garder l'haleine
fraîche.

Morceau de sucre cherche petite cuillère pour aller dans un café.

Sage-femme cherche homme sage pour accoucher d'une belle relation.

Être ou ne pas être,
telle est la question.
Si quelqu'un a la réponse,
écrivez-moi au plus
vite. Contactez William :
shakespeare@othello.fr

Un Français et
un Américain cherchent
un Belge pour entrer
dans un café et faire
une blague.

Conseiller d'orientation cherche travail dans n'importe quelle branche.

Jeune Juive de 35 ans, mignonne, bon niveau social et culturel, ayant du succès dans son travail, recherche Prince charmant juif, pour enfin quitter la maison de ses parents.

Cherche graphologue
pour déchiffrer
l'ordonnance
de mon médecin.

Cul-de-jatte cherche pied-à-terre.

Météorologue toujours dans les nuages cherche femme pour relation orageuse.

Ramasseur de balles **corse**
cherche **gilet** pare-balles.

J'ai perdu mon chat.
Contacter la mère Michel.

Joseph et Marie
cherchent place en crèche
à Bethléem.

Pour cause de retrait de permis et confiscation du véhicule, cherche petite amie avec voiture en vue d'une relation sérieuse. Joindre photo (de la voiture). Propriétaire d'épaves s'abstenir.

À vendre, fauteuil Louis XVI décapitonné.

Antiquaire cherche femme commode se laissant démonter facilement.

Échange votre âme contre
le tout dernier iPhone.
Contactez le Diable.

Golfeur pervers cherche
19e trou.

Urgent, cherche GPS.
Contactez le Petit Poucet.